ouvrage participatif d'après les propos recueillis sur www.payetashnek.tumblr.com

PAYE TA SHNEK

tentatives de séduction en milieu urbain

ISBN 9782863743546

ouvrage participatif d'après les propos recueillis
sur www.payetashnek.tumblr.com

PAYE TA SHNEK

tentatives de séduction en milieu urbain

ISBN 9782863743546

SOMMAIRE
les techniques

—

SHNEK OU SCHNECK

—

Nom féminin.

Étymologie.
En allemand, le mot schnecke désigne un escargot ou une limace.

En argot alsacien, schneck désigne également un escargot, mais aussi un petit pain au raisin. Cette dernière définition se retrouve en Moselle et au Maghreb.

Par extension, en argot, limace et pain au raisin sont devenus les organes génitaux féminins.

Aujourd'hui, plus généralement, le mot shnek représente, au choix, la vulve, la femme, ou même la chance (avoir de la chatte).

—

PAR EXTENSION

FÉMININ

—

vulve, chatte, entrejambe, trou, paillasse, vagin, ruche, minou, ovaires, pistil, minou, four, tunnel, chemise, abricot, antre d'amour, argenterie, bateau, barbu, barbiquet, babinettes, bénitier, bijou, boutique, bouton d'allumage, brèche, buisson, cave, caverne, cerise, chapelle, chat, chatoune, chaudron, sexe, chouchoute, coquille, craquotte, crèche, crevasse, culasse, écrevisse, escalopes, entrée, fendu, feuilleté, figue, fontaine, foufoune, foufe, fourreau, fraise, grotte, lanterne, lice, madeleine, mille-feuilles, minette, minou, minouche, moquette, motte, moule, moulasse, nénette, pacholle, pussy, serrure, temple, tirelire, toutoune, touffe, trousse...

MASCULIN

—

bite, queue, verge, avant-bras, quéquette, fusil, tour, bougie, pine, baguette magique, tour de Pise, dard, queue de cheval, béquille, zob, braquenard, phallus, hampe, gourdin, instrument, engin, manche, mât, matraque, nœud, poutre, quiqui, bistouquette, sboub, teub, chibre, trompe, tube, levier, vier, zobi, biloute, biroute, braque, zigounette, bistouquette, popol, saucisse, merguez, saucission, baobad, bazooka, zizi, machette, banane, poutrelle...

—

PRÉFACE

Lorsqu'Anaïs Bourdet a sollicité notre éclairage de juristes sur ce qui est appelé « drague », « harcèlement de rue » ou « sexisme ordinaire », nous en avons été enchantées tant Paye ta shnek (PTS) nous semble pouvoir contribuer à faire bouger les lignes sur des pratiques trop longtemps tolérées.

Nous avons relu page après page chacune des citations répertoriées par le livre, et un constat s'est vite imposé : ces apostrophes urbaines ne peuvent toutes être mises sur le même plan.
Certaines – trop rares – sont poétiques, d'autres sont des « tentatives de séduction » (sic) grasses et maladroites. Beaucoup sont insultantes, injurieuses, réductrices et sexistes.

Pourtant, à l'issue de nos premières recherches, il nous est apparu que ces comportements ne relevaient pas toujours de manière évidente, et encore moins systématique, d'une qualification pénale…

Comment notre dispositif pénal appréhende-t-il ces diverses situations ?
Est-il permis dans notre société d'invectiver une femme inconnue dans l'espace public d'un « Hey ma biche, t'as un visage à te faire gicler dessus » ?

Est-il admis que les séducteurs éconduits recourent à l'insulte pour masquer leur dépit, lâchant des « Vas-y, fais pas ta pute, fais péter tes seins ! Connasse ! » ?

Quand la séduction devient-elle agression ?

Quels sont les recours possibles ?

Le sujet ne semble pas passionner le monde du droit... Beaucoup d'observateurs ont qualifié de « harcèlement de rue » le phénomène dont Paye ta shnek se fait le témoin. Le « harcèlement de rue » peut-il être assimilé au harcèlement sexuel au sens du Code pénal ?

On peut en douter. Le délit de harcèlement sexuel redéfini par la loi du 10 août 2012 suppose « des propos ou agissements répétés à connotation sexuelle qui portent atteinte à la dignité en raison de leur caractère dégradant ou humiliant ou créent une situation intimidante hostile et offensante » ou le « fait, même non répété, d'user de toute forme de pression grave dans le but réel, ou apparent, d'obtenir un acte de nature sexuelle ». →

Ainsi, seule la répétition par un même individu d'actes à connotation sexuelle, même dans un temps bref ou des propos ouvertement sexuels commis dans des circonstances pouvant être assimilées à des « pressions graves », au sens du Code pénal, pourraient éventuellement caractériser un harcèlement sexuel, ce qui limite considérablement en pratique les possibilités de poursuites sur ce terrain.

En revanche, dans le cadre du travail, un propos de la nature de ceux recensés par Paye ta shnek, même isolé, pourrait constituer une faute disciplinaire, voire même recevoir plus facilement la qualification de harcèlement sexuel.

Cette possibilité n'est pas anodine, car elle traduit que, dans le monde du travail, ce type de pratiques n'est pas considéré comme acceptable (ce qui ne signifie pas qu'elles n'existent pas). Une sanction plus effective et plus juste du « harcèlement » subi par les femmes pourrait donc se généraliser et venir par extension de la conception du monde du travail à toute la société.

Pour autant, le délit de harcèlement sexuel n'est pas une réponse pénale adaptée au phénomène de « harcèlement de rue ». Revenons donc à ce que dit la loi et confrontons le « harcèlement de rue » aux autres qualifications pénales possibles.

L'article 222-22 du Code pénal pénal définit les agressions sexuelles comme « toute atteinte sexuelle commise avec violence, contrainte, menace ou surprise ». Or, bien qu'une agression verbale puisse revêtir un caractère indiscutablement sexuel, la jurisprudence exige qu'il y ait eu un contact physique entre l'auteur et la victime afin de caractériser l'agression sexuelle au sens du Code pénal. L'infraction d'agression sexuelle n'est donc pas davantage une réponse appropriée.

L'article 29 de la loi du 29 juillet 1881 sur la liberté de la presse définit l'injure comme « une expression outrageante, un terme de mépris ou une invective qui ne renferme l'imputation d'aucun fait ». Aussi tout propos péjoratif, de nature à porter atteinte à l'honneur ou à la délicatesse, ou tout terme de mépris est susceptible de recevoir la qualification d'injure.

Prenons par exemple les invectives suivantes :

« T'es aussi bonne qu'un yaourt à la fraise. »
« Hé, ça te dit pas qu'on fasse des crêpes ? Je te trais le lait et tu me casses les œufs ! »
« Eh mademoiselle, tu veux du travail ? »
« Toi t'as des yeux de chat, et moi une bouche à chatte ! »

« Vous êtes charmante, est-ce que je peux vous lécher quelque chose ? »

La majorité d'entre elles nous semble pouvoir relever de l'injure commise envers une personne « à raison de son sexe ». Lorsqu'elle est publique, l'injure à raison du sexe est passible d'une peine de six mois d'emprisonnement et de 22 500 euros d'amende.
Lorsqu'elle est non publique elle est passible d'une amende de 750 euros.

La jurisprudence n'a pas établi avec certitude le critère de distinction entre l'injure publique et l'injure non publique. Certaines décisions estiment que dès lors qu'elle a été proférée dans l'espace public, l'injure doit être réputée comme publique (et donc passible d'une plus lourde sanction).
À l'inverse, d'autres arrêts exigent que les propos soient tenus dans un espace public, mais que, en outre, ils aient été proférés de manière à être entendus par des tiers. →

Le Code pénal n'offre pas « d'excuse de provocation » à l'auteur d'injures sexistes. L'excuse de provocation permet d'excuser une injure dite « simple », c'est-à-dire non sexiste, lorsqu'elle est en rapport direct avec une provocation. En matière d'injure sexiste, aucune attitude de la victime (tenue, physique ou localisation) n'est donc susceptible de justifier ou d'excuser l'infraction commise par l'auteur. Un point important quand on sait combien les « harceleurs de rue » ont tendance à penser que les femmes provoquent, désirent ou sont heureuses de leur « drague » (sic)...

La difficulté qui demeure est la suivante : des propos tels que « Hey mademoiselle, tu veux du travail ? » ne sont pas littéralement péjoratifs. Constituent-ils une injure au sens de la loi ? Parce qu'ils traduisent en réalité un dénigrement de la femme ainsi qu'une réduction à sa nature d'objet sexuel, ils constituent, à notre sens, une « expression outrageante » et donc une injure sexiste. Le délit d'injure envers un particulier à raison de son sexe semble donc pouvoir sanctionner nombre des propos rapportés par Paye ta shnek.

Pourtant, au fil de nos recherches, il s'est révélé difficile de trouver des décisions de justice en matière d'injure à caractère sexiste, alors que, au contraire, les décisions sont plus nombreuses en matière de racisme ou d'homophobie.

La banalisation des comportements sexistes dans notre société n'incite pas les femmes à utiliser les outils juridiques existants pour dénoncer ce qui est communément admis. Si les injures à caractère sexiste sont le lot quotidien des Françaises, le réflexe demeure l'évitement plutôt que la contre-attaque, quand bien même les mots proférés seraient particulièrement dégradants et choquants.

← Aussi PTS s'inscrit avec humour mais détermination dans le refus de ce qui doit rester dans l'esprit de toutes et de tous comme relevant de l'inacceptable. Poser par écrit ce qui relève de l'agression verbale éphémère a le mérite de permettre la prise de conscience de comportements qui, trop souvent, s'évanouissent dans la fulgurance des rencontres urbaines. Mais le chemin à parcourir reste considérable.

Le peu d'usage qui est fait de la réponse pénale qui existe, même si elle demeure perfectible, démontre que c'est en amont que doit intervenir la sensibilisation.

S'il est rageant de penser qu'en 2014, il nous faut encore éduquer sur ce point, nous ne pourrons pas en faire l'économie.
Les invectives de rues, que certains qualifieraient facilement d'attitude de « racaille » qui ne les concernerait pas, ne sont que le reflet d'une appréhension plus générale de la femme dans notre société.

Certains hommes politiques ou autres personnalités médiatiques, même s'ils l'ont fait dans un registre plus bourgeois et convenu, n'ont pas montré l'exemple en la matière et pourraient figurer en bonne place dans ce livre.

Ainsi, au-delà de la réponse judiciaire, seul un changement radical des mentalités permettrait de ne plus assimiler des comportements sexistes à de la séduction potache. Il faut que soit ancré dans le conscient et l'inconscient de chacun que le sexisme n'est jamais « bon enfant » ou « bienveillant » et que lorsqu'il prend la forme d'une injure, il est une infraction pénale.

Anaïs Bourdet a refusé la banalisation du sexisme, utilisant la voie de l'humour affranchi de tout discours moralisateur. Cette approche moderne incarne une forme de résistance et une action en faveur de l'égalité entre femmes et hommes, l'égalité dans le respect. Nous la remercions de nous avoir « embarquées » dans son projet et de nous avoir permis de nous interroger sur cette question à travers le prisme du droit pénal.

Nous avons beaucoup appris, et le prochain qui s'y essaie, il pourrait bien payer sa plainte !

Leila Hamzaoui
Valence Borgia

—

INTRO
Le livre d'or du sexisme ordinaire

Coucou toi !

Ça y est, Paye ta Shnek est enfin devenu un livre, édité et disponible en librairie ! Un livre écrit grâce aux témoignages de près de 5000 plumes, qui, toutes, ont eu la joie de croiser un homme inspiré, et de partager ce moment de poésie.

Ce recueil est avant tout **le reflet de ce que vit une femme à notre époque**, et dont elle seule peut témoigner. Depuis l'été 2012, l'existence du harcèlement de rue n'est plus à démontrer. Le phénomène a été dénoncé, décrié, disséqué... jusqu'à atteindre une parfaite confusion.

L'étudiante en cinéma Sophie Peeters a ouvert le débat, avec son film « Femme de la rue », dans lequel elle filmait en caméra cachée les réflexions et insultes qui lui étaient adressées par des inconnus. Cette vidéo a fait un énorme buzz.

Quelques jours après l'avoir visionnée, j'ai vécu ma première expérience vraiment effrayante. J'ai été poursuivie en voiture, en ville, par un homme dont je n'avais pas relevé les « avances » à un feu rouge. La poursuite a duré quelques longues minutes, et pour la première fois je me suis réellement sentie menacée.

Le lendemain, j'ai raconté cette histoire à des amies, qui à leur tour relataient leurs propres anecdotes plus ou moins drôles ou sordides, et l'idée de créer un blog où les collecter est née tout naturellement.

Car finalement, et c'est le plus inquiétant, **nous avons toutes des choses à raconter en terme de drague lourde, de harcèlement de rue, voire même d'agression verbale ou sexuelle.**

Paye ta shnek ne propose aucune solution au sexisme ordinaire, pas plus qu'il n'essaie de l'analyser. Le but d'un tel projet n'est pas d'apporter des réponses, mais, au contraire, de questionner.

Certains diront que le harcèlement de rue est une invention de femmes paranoïaques. D'autres prétendront que l'indélicatesse est le privilège d'un profil particulier d'hommes ou d'une classe sociale donnée.

Depuis août 2012, j'ai reçu et lu plusieurs milliers de témoignages, et voilà la seule affirmation que je puisse avancer : **le machisme s'exprime partout, n'importe quand, par n'importe qui**. Il suffit de suivre les actualités politiques et médiatiques pour s'en rendre compte : le machisme s'exprime de la rue aux sphères les plus hautes de notre société.

Le parti pris de cette initiative est de tourner le sexisme en dérision, car c'est une méthode efficace pour être entendu du plus grand nombre, et pour générer des conversations. C'est aussi, d'une certaine manière, une mise en lumière de ce qui ne choque plus, et qui pourtant le devrait.

Relater ces intrusions quotidiennes constitue pour chaque femme une **petite vengeance**, une façon de compenser la frustration de n'avoir trouvé la bonne répartie qu'une fois hors de portée du boulet. Histoire de tourner en ridicule celui qui a, souvent, généré de la peur. Force est de constater également qu'il y a bien pire que le type qui nous appelle Biscotte, parce qu'on est trop « craquante ». Celui-là, on lui en veut rarement, car oui, parfois c'est flatteur, mais pas toujours.

Heureusement, certains des spécimens cités dans ce projet ont aussi beaucoup d'humour, et savent faire preuve d'une part d'auto-dérision.

Le but n'est évidemment pas de blâmer la drague au sens large, encore moins de mettre tous les hommes dans le même panier. Il s'agit plutôt là d'**établir un constat, capable de donner à chacun les moyens de définir ses propres limites du tolérable.**

Car la frontière entre drague et harcèlement est souvent mince, et surtout très subjective. Cela dépend aussi du contexte, du ou des homme(s), de la femme à qui il(s) s'adresse(nt), du lieu où cela se produit, de l'heure, de l'humeur des protagonistes...

Dans ce livre tous les registres sont représentés, de l'humour maladroit à l'agression sexuelle, en passant par la drague lourde.

PTS donne à lire toute la panoplie du macho de base. Cette diversité est simplement le reflet de la réalité d'une femme moderne. C'est d'ailleurs par soucis de réalisme qu'aucune censure n'a été pratiquée.

Je vous laisse apprécier ces **témoignages fleuris**, et en tirer les conclusions qui vous sembleront pertinentes… Il va sans dire que ce recueil recense tout ce qu'il ne faut faut surtout pas faire pour draguer, mais au contraire pour **faire rire avec le meilleur du pire.**

Du coup ici je pense que l'on peut se tutoyer.
Je te souhaite donc une bonne lecture !

Anaïs Bourdet

↑

ZIEUTER

ZIEUTER

→

« Hey mademoiselle
t'as de beaux yeux,
tu les as achetés sur Internet ? »

Thonon-les-Bains — centre-ville

« Franchement t'as des yeux magnifiques, on dirait un chien de traîneau ! »

Aix-en-Provence — cours Mirabeau

« Tu as des yeux à faire
fondre un radiateur. »

Paris — Châtelet

« Ouah, t'as des yeux trop
pénétrants ! Sérieux
tu pourrais faire du sexe
avec tes yeux. »

Nancy — Cathédrale

« Tes yeux brillent comme
deux phares de scooter
dans la nuit. »

Pointe-à-Pitre — dans la rue

« Ils sont beaux tes yeux.
J'ai envie de leur faire l'amour.
J'ai envie de les sexer. »

Villeneuve-d'Ascq — résidence

« Hey mademoiselle,
tes yeux sont magnifiques,
ils sont couleur Saône ! »

Lyon — centre-ville

« Oh tes yeux, c'est
la photocopie d'la mer !
Pas la mer d'ici,
la mer de Marseille ! »

Saint-Raphaël — dans la rue

→

« Quand je regarde tes yeux, je saigne du nez. »

Cambrai — dans un bar

« T'as des yeux de chat !
Ça te dirait de faire
miaou miaou avec moi ? »

Toulouse — à la gare

« Arrête de me regarder
comme ça ! Le soleil
se reflète dans tes yeux
et tu m'éblouis ! »

Nîmes — impasse du Doubs

« Hey miss, t'as de
gros yeux tu sais ? »

Rambouillet — place Felix-Faure

« Eh mad'moiselle !
Tu as les yeux aussi bleus
que le soleil ! »

Lille — dans le métro

←

« Tes yeux sont bleu comme le bleu. »

Toulouse — Berges de la Garonne

« Hé toi la blonde !
Hmmm… toi, t'as les yeux
qui crient braguette ! »

Nancy — à la gare

« Mademoiselle, t'as des yeux panoramiques, c'est sexuel. »

Toulouse — place Arnaud-Bernard

« Waouw mademoiselle, tes yeux, on dirait une piscine olympique ! »

Saint-Germain-en-Laye — dans un parc

« T'as des yeux, putain, c'est des anti-brouillard. »

Paris — boulevard Charonne

→

« Tu as des yeux à faire revivre un mort. »

Reims — place d'Erlon

« Eh mademoiselle, j'suis sûr vos yeux ils brillent dans la nuit comme les chats. »

Paris — Champs-Elysées

« Tes yeux, ils sont d'origine ? »

Lyon — en boîte

« Putain, tes yeux c'est
l'océan, on dirait j'vais
me noyer dedans !
Hé ! Hé ! C'est Lacanau
tes yeux, princesse ! »

Bordeaux — sur les Quais

**« T'as d'beaux yeux…
et les deux en plus ! »**

Paris — gare du Nord

« Je n'ai jamais vu
un blanc aussi blanc que
le blanc de tes yeux. »

Metz — rue Serpenoise

←

« Tes yeux marrons sont
tellement beaux
qu'ils me font penser
à un torrent de boue. »

Paris — rue Oberkampf

« Hey mademoiselle,
tu as les yeux verts
couleur bus RATP ! »

Sannois — centre-ville

« Waw, t'as des beaux yeux
noisette, tu veux pas
que je sois ton écureuil ? »

Reims — dans un bar

« Vous avez de jolis yeux,
ce sont des vrais ? »

Plaisir — dans la rue

« Hé mademoiselle,
t'as de beaux yeux,
de la tête aux pieds ! »

Paris — Sacré-Cœur

→

**« Hé mademoiselle,
viens on prend les valises
que t'as sous les yeux
et on part en vacances ! »**

Fontaine — tram la Poya

« Toi tu as des yeux à faire
exploser une braguette. »

Rouen — premier jour de boulot

« T'as des yeux, sont trop bleus, on dirait du canard WC ! Tu veux pas venir dans les toilettes avec moi ? »

Paris — gare de Lyon

« T'as les yeux couleur gazon. »

Toulon — Opéra

« On t'a déjà dit que tes yeux étaient aussi beaux qu'une crinière de cheval ? »

Amiens — place Gambetta

←

« Hé toi ! Tes yeux sont tellement beaux qu'on a envie de les arracher avec les doigts ! »

Cergy — dans la rue

« Tes yeux sont bleus. Bleus comme le bleu du drapeau de l'OM. »

Avignon — au lycée

« Oh quand je vois tes yeux, j'ai envie de mettre mes pieds dedans pour me rafraîchir ! »

Prishtina (Kosovo) — dans la rue

« Tes yeux sont tellement beaux qu'on dirait un jardin. »

Paris — Barbès

« Vos yeux, ils sont comme un écran plasma ! Ouais, on les voit même à dix kilomètres ! »

Toulouse — place Arnaud-Bernard

« Franchement t'as des yeux magnifiques, ils sont couleur piscine aquatique ! »

Avignon — rue de la République

« Vos yeux sont d'une telle brûlance, ils pourraient faire fondre la neige et déclencher des avalanches ! »

Paris — Bastille

FLATTER

FLATTER

→

« Hé mademoiselle,
t'es plus belle
que ton physique ! »

Angers — dans un bar

« T'as un bon sourire,
tu voudras bien
me le scanner ? »

Lyon — dans la rue

« Elle est trop bonne !
J'l'accoste comme
un crocodile ! »

Paris — gare du Nord

« Eh ben ! T'as une
sacrée gueule toi ! »

Caen — tram Résistance

« Vous êtes tellement
belle que même le piment
d'Espelette paraît fade
à côté de vous. »

Nice — place Masséna

« Ton charme il est trop sauvage. »

Saint-Quentin en Yvelines — à la gare

« Mademoiselle, vous avez de très beaux seins. Je vous souhaite une bonne journée. »

Paris — cité universitaire

« Ton père il est voleur ou bien ? Parce qu'il a volé toutes les pastèques du monde et il les a mis dans tes seins ! »

Paris — gare du Nord

→

« Je dois vous dire que votre beauté n'égale que mon taux d'alcoolémie. »

Paris — dans le métro

« T'as un postérieur imposant.
Mais j'aime bien, hein !
Et en plus, dans ta robe là,
on voit que ça ! »

Amiens — chez un ami

« Votre cul, il est plutôt
du genre raffiné ! »

Paris — Châtelet

« T'es belle comme un pain bio ! »

Paris — Belleville

←

« Je voulais vous dire que
vous alliez très bien
avec votre voiture ! »

Cenon — parking

« Hummm quel beau clitoris ! »

Paris — Porte de Clignancourt

« Tu m'donnes trop envie de
toucher mon zizi ! »

Paris — Châtelet

« Eh mademoiselle, t'es sexy, j'ai envie de te violer par le cul ! »

Strasbourg — Faubourg national

« Si vous étiez une fleur, je vous aurais butinée jusqu'au cou. »

Lyon — place Bellecour

« T'es comme l'huile d'olive dans ma vinaigrette ! »

→

Marseille — rue d'Aubagne

« T'es vachement faciale comme fille. »

Lyon — Croix Rousse

« Jolies jambes, à quelle heure elles ouvrent ? »

Nice — boulevard Gambetta

« Hé mademoiselle ! T'es belle... intellectuellement ! »

Rennes — République

« Ouh toi j'ose même pas te toucher les fesses, j'ai peur de me brûler au 3ème degré. »

Strasbourg — dans la rue

« Je me noie dans ton décolleté et pas dans tes yeux. Tu veux être mon whisky pour toute la vie ? »

Roanne — en boîte

« Alors toi, t'as pas une bouche à sucer que des glaçons ! »

←

Paris — au travail

« Oualala matez son boule il est magique, on pourrait lire l'avenir dedans ! »

Grenoble — quartier de la gare

« Eh toi là-bas ! T'as des seins... même avec un seul, je banderais ! »

Saumur — devant la fac

« Hé le chameau, t'en as des jolies bosses, t'aurais pas un numéro caché dedans ? »

Bordeaux — dans la rue

« T'es belle comme un raptor. »

Strasbourg — dans la rue

« Franchement mademoiselle, z'avez une tête douce, quand je te regarde je décompresse ! »

→

Marseille — Saint-Just

« Nan mais en fait, t'as des seins vachement ludiques. »

Le Mans — dans un bar

« T'es belle quand t'es énervée. »

Marseille — rue de Loddi

« T'es tellement belle que j'ai envie de... t'arracher les cheveux ! »

Marseille — Notre-Dame du Mont

« Hey elle est bonne elle,
je lui ferais bien un string
avec ma langue ! »

Paris — gare du Nord

« Bonsoir l'entrejambe ! »

←

Marseille — cours Julien

« Hé mademoiselle,
vas-y t'es bonne
comme... une pizza ! »

Paris 2ème — dans la rue

« Hé quand j'te vois
tellement j'ai chaud,
tu pourrais venir te baigner
dans mes chaussures ! »

Lyon — avenue Félix-Faure

« Ils sont gros tes mollets !
Tu chausses du combien ? »

Aix-en-Provence — dans la rue

« Tu es sublime, je me ferais bien un thé avec tes sous-vêtements. »

Paris — Saint-Michel, dans un bar

« Hey madame, je sais pas quel âge vous avez, mais franchement vous le faites pas. »

Paris — parvis Hôtel de Ville

« T'es aussi jolie qu'un chaton sur un calendrier de la Poste ! »

Paris — métro Ternes

→

« Mademoiselle, c'est pas que j'étais en train de regarder votre joli petit cul, mais votre carte bleue va tomber de votre poche. »

Martigues — centre commercial

« Vous avez de beaux pieds. Ça donne envie de les sucer. »

Paris — rue d'Avron

« Mademoiselle !
T'es une fraîcheur toi !
Tu viendrais pas
d'Hollywood par hasard ? »

Cergy— dans la rue

« Franch'ment quand
j'vous vois, j'ai envie
d'me reproduire. »

Arles — rue Molière

« Avec ce sourire,
vous pourriez vendre
des cercueils à deux places. »

← Annecy — boutique de photographe

« Tu es comme une vraie
frite, croustillante
à l'éxtérieur, et fondante
à l'intérieur. »

Bécherel — dans la rue

« Ce cul, c'est l'insolence de la jeunesse. »

Paris — rue de Turenne

« Hé je lui tirerais bien
une flèche à l'indienne ! »

Kairon — à la plage

« Quand je vous vois, j'ai envie de me reproduire. »

Paris — métro Ternes

**« Tu sais que tu me fais
penser à un œuf ?
T'es dure à l'extérieur,
et moelleux à l'intérieur ! »**

Rennes — bare de nuit

→

« Franchement,
vous marchez
comme Beyoncé ! »

Paris — avenue de Clichy

« Hé mademoiselle,
z'êtes en avance !
On est en octobre et
je t'avais demandée
pour Noël ! »

Paris — en boîte

« Y'a de la bombe
à désamorcer là ! »

Paris — les Halles

« Toi tu ressembles à une bouteille de Coca, j'ai trop envie de te décapsuler. »

Paris 14ème — dans la rue

« J'adore tes dents. J'en ferais bien un collier pour ma bite. »

Namur (Belgique) — dans la rue

←

« Ton père il travaille à Nintendo, si j'en crois ton corps de DS. »

Aix-en-Provence — cours Mirabeau

« Boobs. »

Paris — en boîte

« Wouaah, vos sourires ils m'ont époustiflé ! »

Paris — rue de Rivoli

« Tu es super jolie ! Tourne un peu pour voir ? »

Saint-Brieuc — rue Charbonnerie

« Hey miss, toi j'te crache pas dessus, à part si tu l'demandes ! »

Saint-Denis — rue Gabriel Péri

« Une grande cheminée comme toi, ça doit bien tirer ! »

Tignes — dans un bar

« Vous êtes belle à un point qu'y a même plus besoin d'virgule. »

Marseille — place Thiers

« Je ne voudrais pas être vulgaire, mais j'ai de la chance d'être obligé de me coller contre vos jolies fesses. »

Bordeaux — Tram B

« Il te va bien
le soleil madame. »

Grenoble — cours Berriat

« Hey mesdemoiselles,
je croyais que les sirènes,
elles étaient que
dans l'eau ! »

Marseille — place du Prado

« Hep mademoiselle, tu sais que t'es charmante de dos ! Mais de face aussi hein ! »

←

La Rochelle — Cour du Temple

« Oh toi ce soir, je vais
te faire vibrer comme
un portable ! »

Nantes — dans la rue

« Je vais te dire un truc :
toi, t'es pas une chienne
comme les autres. »

Marseille — un club près du Prado

« Hey mademoiselle, t'es jolie !
Enfin, t'es attrayante quoi,
'fin, attirante !
Ouais, en gros, t'es bonne ! »

Rennes — parc de Maurepas

« Mademoiselle, tu t'appelles Google ? Parce que j'trouve en toi tout ce que je recherche ! »

Paris — Gare du Nord

→

« Hé mad'moiselle,
je viens de te flasher
sur l'autoroute qui mène
à mon cœur… »

Marseille — lycée Diderot

« Hey mam'zelle,
t'as une taille de guêpe,
on dirait une abeille ! »

Marseille — rue Saint-Ferréol

CHARMER

↑

45

CHARMER

→

MA BITE

« Respecte ma bite, sale pute. »

Paris — Marx Dormoy

MA BITE

« Un chat retombe toujours sur ses pattes, mais une chatte retombe toujours sur ma bite ! »

Montpellier — en boîte

MA BITE

« Hey mademoiselle, je vous aime plus que ma bite ! »

Bruxelles (Belgique) — dans la rue

MA BITE

« Hey mademoiselle ! Ma bite est morte, je peux l'enterrer dans ton cul ? »

Liège (Belgique) — dans la rue

MA BITE

« Hey ! Tu préfères ma bite ou ta baguette ? »

Toulouse — en sortant d'une boulangerie

« Pour ton anniversaire,
je te laisse souffler
ma bougie ! »

Montpellier — en boîte

« Mademoiselle, si j'avais
vingt ans de moins
je vous l'aurais mise. »

Grenoble — avenue Alsace-Lorraine

« Eh j'te prête ma grosse
béquille pour ce soir,
s'tu veux... par contre
demain, tu pourras
plus marcher. »

Limoges — centre-ville

→

« Oh la gadji, t'as vu comme je crache loin ? »

Bruxelles — dans la rue

« Hé belle biche,
j'suis le chasseur
de ce bois, viens tâter
de mon fusil ! »

Bruxelles (Belgique) — dans la rue

« Bonjour ma daurade !
Je vais te péter
le cardigan. »

Lille — dans un bar

« Vous avez vos papiers ?
On est de la police
du cul, vous êtes
en état d'arrestation ! »

Paris — rue Lafayette

« Tout à l'heure j'ai voulu
te dire que t'étais bonne,
mais y'avait ma meuf
à côté. »

←

Liège (Belgique) — en boîte

« Mademoiselle, tu recherches un mec mortel ? »

Lyon — place des Terreaux

« Hey ! Sois polie !
Tu pourrais répondre
quand je te dis bonsoir,
sale pute! »

Montpellier — place de la Comédie

**« Wesh mad'moiselle ! Tu veux une taf ?
Sur ma bite magique ! »**

Paris — dans la rue

**« Ta chatte est chaude, mais ma bite
est trop grosse ! »**

Rennes — bar de nuit

**« Qui veut d'la bite ?
Toi là, tu veux d'la bite ? »**

Champigny-sur-Marne — au collège

« Tu vois la tour de Pise ? Bah c'est ma bite. »

Nyon (Suisse) — dans la rue

**«Je vais te coller ma bite entre les jambes,
ça va t'enlever le sourire que t'as sur la figure. »**

Lille — rue Solférino

« Je peux te dire un secret, mais tu le répètes à personne ? J'ai une très grosse bite. »

Arles — dans un bar

« Hé mademoiselle, je vais tellement
te faire mouiller que ma bite,
elle va prendre un bain ! »

Strasbourg — arrêt Université

« Tu sais que tu es au taquet bonne toi !
Je vais te donner un bon bouquet de bites ! »

←

Montpellier — en soirée

« Avant que tu partes, ça te dit une nuit torride en sueur, ma bite dans ta bouche ? »

Paris — Bastille

« Hé mademoiselle ! J'ai une grosse bite
et je cherche un trou ! »

Paris — Le Marais

« J'aimerais bien sentir
tes grands yeux bleus
contre mon bas-ventre. »

Paris Ier — dans la rue

« Mademoiselle, j'me présente : on m'appelle Kinder. Et tu sais pourquoi ? Parce que je suis bueno-bueno ! »

Paris — Alma Marceau

→

« Tu as pas froid aux
jambes en jupe ?
Sinon je peux te chauffer ! »

Bordeaux — place des Chartrons

« Hey petite fleur, tu veux
faire partie de mon bouquet ? »

Toulouse — dans un pub

« Toi, j'te troue la paillasse quand tu veux ! »

Reims — place d'Erlon

« Hey mademoiselle, tu veux pas venir faire la cuisine chez moi ? Même pas un sourire ? »

Bordeaux — quartier Victoire

« Tu veux une sucette à la viande ? »

Bruxelles (Belgique) — place Flagey

←

« Même si j'étais pédé, j'voudrais te sauter ! »

Paris — Châtelet

« Je suis paysagiste. Mes clientes, je leur fais le jardin, j'élague leurs arbres... Tu veux que je te refasse ton jardin ? »

Lorient— dans un bar

« Hey poupée, mon train est en retard,
tu nous aides à patienter moi et ma bite ? »

Paris — gare du Nord

« Ma bite et ton cul,
c'est des âmes-sœurs meuf ! »

Paris — Pigalle

« Hey mademoiselle, c'est la crise là,
ton cul, il embauche par hasard ? Parce que
ma bite, elle cherche du boulot. »

Paris — Barbès

« Suce ma bite, tu verras Montmartre
en caractère gras ! »

Poitiers — Pôle Notre Dame

« Tu vois ton avant-bras ? C'est ma bite.
Avec ça, je vais pas te faire dormir de la nuit. »

Paris — gare du Nord

TENTER

TENTER

→

« Mad'moiselle, tu veux que je te fasse un bébé gratuitement ? »

Paris — boulevard de Clichy

DIS OUI

« Eh chérie, tu veux que je te fasse vibrer les ovaires ? »

Bordeaux — rue d'Ared

DIS OUI

« Hey coquine, tu veux que je te butine ? T'as un pistil qui déboîte ma parole ! »

Rennes — le Blosne

« Salut ! T'es jolie. Est-ce que je peux te prendre en levrette ? »

→

Annecy — boîte de nuit

DIS OUI

« Ça te dérange si
je m'assieds à côté de toi
cinq minutes ?
C'est pour te draguer.
Tu veux parler de quoi ? »

Paris — dans le métro

« T'aurais pas envie de te jeter sauvagement sur moi et de me violer par hasard ? »

←

Marseille — Canebière

DIS OUI

« Hey, tu veux pas sucer mon pote pendant que je t'encule ? »

Toulouse — rue Gambetta

« Excusez-moi madame, est-ce que vous êtes une salope ? »

Paris — gare du Nord

→

DIS OUI

« Tu veux voir mon cul ? »

Carcassonne — dans la rue

DIS OUI

«Hé miss, t'es belle comme une abeille, tu veux pas sucer mon dard ? »

Lille — dans la rue

←

« Salut les filles ! Vous voulez baiser ? Non ? Ben alors on va parler en attendant ! »

La Ciotat — allée Lumière

DIS OUI

« Mademoiselle ? Je m'ennuie, vous ne voulez pas venir jouer avec un bout de plastique sur ma bite ? »

Liège (Belgique) — dans la rue

« Mademoiselle s'il te plaît, tu aurais pas deux euros pour que j'te paie un café ? » →

Paris — Grands Boulevards

« Hé ! Tu te prostituerais pas, par hasard ? »

Paris 13ème — dans la rue

« Hé ! Hé ! Tu veux pas m'adopter ? Non ? Un p'tit bisous alors ! »

Poitiers — dans la rue

« Allez pendant une heure t'es ma copine ! »

Paris — les Abbesses

←

« Hé ça te dit pas qu'on fasse des crêpes ? Je te trais le lait et tu me casses les œufs ! »

DIS OUI

Quimper — en soirée

« Bonjour, je voudrais pas vous déranger, mais… je mettrais bien ma langue là ! »

DIS OUI

Albi — avenue François-Verdier

« Mademoiselle ! Si tu veux m'épouser y'a pas de soucis, je t'attends ici ! »

Paris — Châtelet

→

DIS OUI

« Salut, je peux te lécher les seins ? »

Lyon — Guillotière

DIS OUI

« Hé mad'moiselle, tu veux pas me sauter dessus, sérieux ? »

Grenoble — salle de concert

« Mademoiselle, tu me prêtes ton numéro ? Je te le rends demain. »

Paris 18ème — métro Porte de Clignancourt

←

DIS OUI

« La clope, non...
La pipe, oui ! »

Rennes - Saint-Anne

DIS OUI

« Hé t'es super mignonne, ça te dirait pas qu'on couche ensemble ? Enfin, si t'es une cougar quoi ! »

Paris — Grands-Boulevards

« Mademoiselle, excusez-moi, est-ce que je peux me permettre d'être audacieux ? »

Grenoble — Villeneuve

DIS OUI

« T'as cinq minutes, que je te mette ton compte ? »

Bristol (UK) — dans la rue

« Mademoiselle, tu peux pas lever ta jupe un peu ? Allez, quoi ! »

Boulogne sur Mer — dans la rue

←

DIS OUI

« J'aimerais bien être ton esclave sexuel. »

Paris — gare du Nord

DIS OUI

« Hé mad'moiselle t'as chaud ? Tu viens chez moi prendre une douche ? »

Tourcoing — pont hydraulique

« Vous êtes charmante, est-ce que je peux vous lécher quelque chose ? »

Les Mureaux — entrée de boîte de nuit

DIS OUI

« Toi si tu voulais me violer tu pourrais sans problème, je résisterais même pas ! »

Aurillac — festival

NÉGOCIER

NÉGOCIER

→

« Je te paye
le taxi,
le restau,
je t'invite
même au ciné
si tu veux !
**Mais allez,
on couche
ensemble ! »**

Toulouse — Saint-Pierre

« Mademoiselle tu veux faire l'amour ? S'il te plaît, je suis affectueux ! »

Metz — rue Serpenoise

→

« Viens chez moi, j'ai deux lits. »

Paris 9ème — dans un bar

« Monte sur ma tour, tu verras ta maison ! »

Strasbourg — dans la rue

←

« Salut ! T'as quinze minutes pour que je te drague lamentablement ? »

Paris — dans un café

« Franchement t'es trop charmante ! Tu veux une tranche de pain de mie ? »

Vieux Boucau — à la plage

→

« Tu suces pour un Kinder ? »

Montpellier — rue de Verdun

« Mademoiselle, il pleut, j'peux me caler sous ta jupe ? »

Lyon — quai Victor Augagneur

←

« Si je te donne un euro je peux toucher ton cul ? »

Paris — la Mine

« Mademoiselle là, avec le rouge à lèvres bien rouge... j'voudrais faire un arc-en-ciel sur ma bite, ça t'dirait de participer ? »

→

Montpellier — place de la Comédie

« Hé mam'zelle
tu veux pas
que je te fasse
un chantier
à l'intérieur ?
←
Tu vas
plus rien
reconnaître. »

Strasbourg — rue Kageneck

« Tu me donnes ton numéro ? T'as tort, je t'aurais fait le cunni de ta vie ! »

Lyon — Guillotière

→

« Dieu il m'a tout donné, sauf ton zéro-six ! »

Marseille — gare Saint-Charles

« Wahou t'es jolie ! Tu fais quoi ce soir, tu m'invites ? »

Bordeaux — centre commercial

« Tu as de l'Irlandais en toi ? T'en veux ? »

Londres (Royaume-Uni) — dans la rue

« Je t'emmène boire un verre ? Ou deux ? Ou trois ? Bon, on va chez moi ? »

Pau — centre-ville

→

« On se fait
un ping-pong
ou on s'encule ?
Perso, j'ai pas
de raquettes ! »

Arles — dans la rue

←

« On est deux,
vous êtes deux… »

Vierzon — dans la rue

« J'te donne mon 06 ? Comme ça si t'as envie de niquer un de ces quatre, on reste à ta dispo mon pote et moi. »

→

Aix-en-Provence — rue Jaubert

« Si ça te dit, j'ai des préservatifs goût Whiskas… pour les jeunes chattes exigeantes ! »

Cergy-Préfecture — à l'arrêt de bus

←

« Fais pas ta pute, donne-moi ton arobase ! »

Marseille — métro La Fourragère

« Je peux frotter mon cul contre ton dos ? Non ? Ben alors c'est ma verge que je vais frotter ! Non ? T'as vraiment pas d'humour. »

Nancy — dans un bar

« Hé, tu suces pour un blini ? Vas-y, je rajoute du tarama si tu veux. »

←

Lille — rue Nationale

« Hey, mademoiselle !
T'es prise ?
Même si t'es prise,
moi j'suis multiprise.
Du moment qu'y a
l'courant qui passe. »

Lille — place Rihour

« Il est sympa
ton rouge à lèvres.
On le partage ? »

Paris — rue Mouffetard

POÉTISER

POÉTISER

→

« Mademoiselle, t’es mignonne avec ta bicyclette ! J’te mettrais bien un coup de sonnette ! »

Clermond-Ferrant — boulevard Claude-Bernard

« T’es la perfection, j’ai une érection. »

Rennes — Colombier

« Viens donc dormir à la maison si tu veux, j'ai un clic-clac : tu dormiras du côté clic, et moi du côté clac ! »

→

Lyon — dans un bar rue Arbre Sec

« Mademoiselle, comme t'es belle ! Mais si tu souris, tu seras encore plus jolie ! »

Toulouse — Arènes

« Mademoiselle ! Ton boule, il chamboule ! »

Rennes — Saint-Anne

« Hé miss, avec tes cheveux lisses, t'aurais pas un zéro six ? »

→

Toulon — dans la rue

« Bonjour ! Vous avez déjà fait l'amour ? »

Metz — à la gare

« Je te paye un beignet abricot, miss ? Un spécial pour faire ← monter ta libido, mais t'inquiète je serai là pour te pécho ! »

Lacanau — plage centrale

**« Je te promets
une histoire d'amour
qui dure toujours,
car de ton cul
j'en ferai jamais le tour. »**

Paris — en club

« Quand je te vois, je me sens comme conquérant. En fait, tu es une femme continent ! »

→

Nice — en soirée

« Champagne, je te raccompagne ou whisky on reste ici ? »

←

Lyon — Hôtel de Ville

T'es belle comme un pissenlit, viens dans mon lit !

Perpignan — dans la rue

« Femme à lunettes, femme à quéquettes ! »

La Défense — centre commercial

→

« Toi je vais te faire couiner comme une porte rouillée ! »

Paris — couloirs du métro Bastille

« Te fais pas d'bile ma belle, ton boule c'est d'la balle. »

Paris — Kremlin-Bicêtre, devant la fac

« Hey coquine ! Un p'tit coup de pine ? »

Paris — Saint-Michel

« Est-ce que je peux noyer mon chagrin dans votre vagin ? »

Villeneuve d'Ascq — résidence

→

« Hé mamzelle en veste rouge ! Montre-nous comment tu bouges ! »

Paris — rue de Boulainvilliers

« T'es gaulée comme une pièce montée ! Ça serait un plaisir de te démonter. »

Marseille — place Notre-Dame du Mont

« Ça roule, bon boule ? »

Pont de Chéruy — dans la rue

« Yo, toi, j'te la glisse
bien entre les cuisses. »

Rennes — rue des Fossés

« Tu es
charmante.
Tu veux une
glace à la
menthe ? »

Paris — Saint-Michel

« Tu es charpente !
Ça te dirait dix degrés
de pente ? »

Villeneuve d'Ascq — résidence

→

TROUBLER

TROUBLER

→

« EXCUSE-MOI, JE PEUX TE LÉCHER LES PIEDS ? NON ? ET SI JE TE DONNE VINGT EUROS ? »

Pont de Chéruy — dans la rue

« Salutérus, ça vagin ? »

Metz — Lycée de la Communication

« HEY, J'AIMERAIS BIEN SENTIR TES SÉCRÉTIONS VAGINALES CE SOIR. »

Bourges — Nation

→

« J'aimerais bien être à la place de ta selle de vélo. »

Rennes — dans la rue

« MES COUILLES SONT FRAÎCHES. »

Paris — dans les escaliers d'un magasin

←

« EXCUSEZ-MOI MAIS QUE PENSEZ-VOUS DES PÉNIS ÉPILÉS ? »

Rennes — près du lycée

« EH, TU SAIS QU'ON A UN POINT COMMUN ? ON A TOUS LES DEUX UNE QUEUE DE CHEVAL ! »

Lyon — Berges du Rhône

→

« Je sens ta chatte ! »

Reims — place d'Erlon

← « VOUS POUVEZ DIRE À VOS SEINS D'ARRÊTER DE ME FIXER S'IL VOUS PLAÎT ? »

Paris — dans le métro

« Hey, mademoiselle, tu connais pas la rue Sussetu ? Et la rue Payetonboule ? »

Paris — métro Olympiade

« EN FAIT, JE T'AI RECULÉ DESSUS PARCE QUE MON RÉTRO, IL A FLASHÉ SUR TOI ! »

Lyon — place Bellecour

→

« Ce soir, ça va être le chaos dans ta culotte. »

Toulouse — dans la rue

« TOI, J'AI ENVIE DE T'ENCULER LES YEUX. »

Paris 8ème — dans la rue

←

« Hé mademoiselle, tes yeux ils sont vachement écartés. On peut faire la même chose avec tes jambes ? »

Nîmes — au supermarché

« AVEC DE TELS YEUX, VOUS POURRIEZ SENTIR LA MERDE QUE VOUS RESTERIEZ BAISABLE. »

Paris 15ème — devant une parfumerie

« JE PEUX MANGER LE MIEL DE TA RUCHE ? JE SUIS SÛR ← QU'IL Y EN A PLEIN ! »

Créteil — université

« Alors… elles sont braisées les cochonnes ? »

Paris 16ème — dans la rue

« BONSOIR, VOUS LISEZ NIETZSCHE ? SINON VOUS VOULEZ QUE JE VOUS RACONTE COMMENT J'AI PERDU MA VIRGINITÉ ? »

Lyon — Hôtel de Ville

EFFRAYER

→

EFFRAYER

→

« HÉ TOI, ~~MARCHE À L'OMBRE~~ ! »

Paris — Oberkampf

« CE SOIR, C'EST ~~BAGDAD DANS TES FESSES~~ ! »

Saint Louis (États-Unis) — dans la rue

« EXCUSEZ-MOI, VOUS NE TROUVEZ PAS QUE CE MOUCHOIR SENT LE CHLOROFORME ? »

Paris — dans la rue

→

« HEY ! TE BAISSE PAS COMME ÇA, ~~TU VAS~~ ← ~~PRENDRE~~ ~~NEUF MOIS~~. »

Lorient — en soirée

« ÇA TE DIRAIT ~~UN RAPPORT DE FORCE~~ AVEC MOI ? »

Nancy — en boîte

→

« TOI, ~~JE TE LA METTRAI~~ LOIN ! »

Charleroi (Belgique) — rue de la Montagne

« TOI, JE SAIS ~~TOUT CE QUE JE VAIS TE FAIRE CE SOIR~~. ~~TU VAS~~ ← ~~PRENDRE CHER~~. »

Hossegor — dans un bar

« ~~MARCHE PAS COMME ÇA, JE VAIS TE LE FAIRE REGRETTER.~~ »

Aix-en-Provence — place des Tanneurs

→

« MADEMOISELLE, ~~JE VOUS SUIS DEPUIS CE MATIN, VOUS POUVEZ MARCHER MOINS VITE~~ ? »

Paris — Alésia

←

« ~~TU MÉRITES UNE PUNITION SEXUELLE~~ ! »

Paris — rue Darboy

« ~~TOI PLUS MOI, ÇA FAIT DEUX, ET À TROIS, J'TE CASSE EN DEUX.~~ »

→

Bordeaux — au supermarché

« EXCUSE-MOI, ÇA TE DIRAIT DE JOUER À IKEA AVEC MOI ? ~~JE TE~~ ← ~~MONTE, JE TE DÉMONTE, ET JE TE REMONTE !~~ »

Reims — dans la rue

« HÉ ~~DONNE TON CUL~~ LÀ ! »

Paris — rue Saint-Lazare

→

« JE VAIS FAIRE DES BROCHETTES ~~AVEC TON CUL~~. »

Paris — Grands-Boulevards

« TU POURRAIS ÊTRE MA FILLE, ~~MAIS JE TE BOUFFERAIS BIEN LE~~ ← ~~MINOU.~~ »

Toulouse — au travail

« TOI, CE SOIR ~~J'TE CASSE LA CHATTE~~ ! »

Lyon — Hôtel de Ville

→

« T'ES MIGNONNE, ~~J'AI ENVIE DE TE DÉGLINGUER~~. »

Paris — dans un club

« ~~ENLÈVE DE SUITE TOUS TES VÊTEMENTS~~ ! »

Marseille — rue Saint-Férréol

←

« ~~À POIL~~ ! »

Toulouse — dans un bar

« MADEMOISELLE, T'ES TELLEMENT BONNE, QUE MÊME SI J'TE PARTAGEAIS AVEC TOUS MES POTES, ON SERAIT PAS RASSASIÉS. »

Lyon — Charpennes

LES REMERCIEMENTS

Merci, mais alors MERCI !
à Leïla Hamzaoui-Charat et Valence Borgia
(des avocates passionnées)
Mireille Boulay (une Maman de compétition)
Thomas Cordin (un homme sur mesure)
Samuel Guigues, Mélanie Ordines, Claire Leina,
Marie Vicomte, Johan Mossé, Quentin Berthelot
(des amis 24 carats)
Cédric Malo (un coach pro)
Adélaïde Obrié et Émilie Robert
(des équipières du tonnerre)
Julien Charnallet (un stagiaire au top)
David Gressot (un relecteur précieux)

Et à tous les autres qui se reconnaîtront, MERCI !

Un énorme merci également à l'équipe
de KissKissBankBank et aux 222 donateurs
qui ont contribué à la naissance de la première
version de ce livre, qui avait été édité à 1000 exemplaires grâce à leur soutien ! (Juin 2013)

—

Direction artistique
Anaïs Bourdet
anaisbourdet.fr

Caractère
BP Euclid
par Emmanuel Rey
swisstypefaces.com

Source
payetashnek.tumblr.com

—

Imprimé en Espagne
par Graficas Estella

Dépôt légal : janvier 2014
43-02-0498-6/01

PAPIER À BASE DE
FIBRES CERTIFIÉES

Fayard s'engage pour
l'environnement en réduisant
l'empreinte carbone de ses livres.
Celle de cet exemplaire est de :
0,400 kg éq. CO_2
Rendez-vous sur
www.fayard-durable.fr